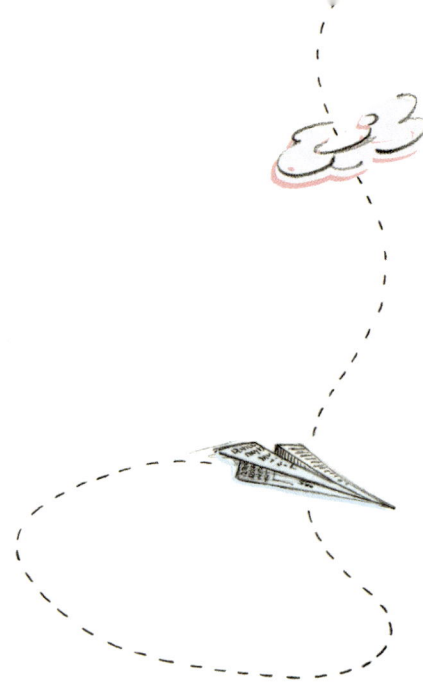

Bei den Kindern, Eltern und Erzieherinnen der Kindergärten
und Kindertagesstätten unseres Praxisrates, die uns bei
der Erarbeitung dieser Geschichtensammlung beratend zur Seite
standen, möchten wir uns an dieser Stelle herzlich bedanken.

Bibliografische Information der Deutschen Nationalbibliothek
Die Deutsche Nationalbibliothek verzeichnet diese Publikation
in der Deutschen Nationalbibliografie;
detaillierte bibliografische Daten sind im Internet
über http://dnb.d-nb.de abrufbar.

© Duden 2011 D C B A
Bibliographisches Institut GmbH
Dudenstraße 6, 68167 Mannheim
Redaktionelle Leitung: Katja Schüler
Lektorat: Anke Thiemann
Fachberatung und Fragekästen: Sabine Schreiber
Herstellerische Leitung: Cornelia Huber, Birgit Stuhlfauth
Illustration Detektive: Barbara Scholz
Layout und Satz: Michelle Vollmer, Mainz
Umschlaggestaltung: Mischa Acker
Druck und Bindung: Offizin Andersen Nexö Leipzig GmbH
Spengleralle 26–30, 04442 Zwenkau

ISBN 978-3-411-80845-8

Geschwistergeschichten zum Vorlesen

ab 4 Jahren

Martina Baumbach, Beate Dölling und Didier Laget,
Diana Lucas und Henriette Wich

mit Bildern von Angela Glökler, Gabie Hilgert, Katrina Lange
und Katja Schmiedeskamp

Dudenverlag
Mannheim · Zürich

Zuhören macht schlau …

… und es macht einfach Spaß. Es regt die Fantasie an, fördert die Konzentration und erweitert den Wortschatz. Deshalb ist Vorlesen so wichtig. Nichts ist schöner, als beim Geschichtenerzählen Aufmerksamkeit zu erfahren, Fragen stellen und von Selbsterlebtem erzählen zu können.

Ein Vorlesebuch der Marke Duden bietet aber noch mehr als altersgerechte Texte und anregende Illustrationen. Auf Seite 56 haben wir einige praktische Vorlesetipps für Sie zusammengestellt. Außerdem finden Sie auf den folgenden Seiten viele weitere, das aktive Zuhören und Vorlesen unterstützende Extras:

■ **Farbige wörtliche Rede** erleichtert es, die Geschichte lebendiger, zum Beispiel mit verstellter Stimme oder verteilten Rollen, vorzulesen.

 „Ich wollte mal sehen, wie es bei dir ist", antwortet Mars bibbernd.

 Neptun strahlt. „Cool ist es hier."

■ **Inhaltsverzeichnis für Kinder:**
So kann Ihr Kind selbst bestimmen, welche Geschichte es als nächste hören will.

 **Als Opa klein war** 42

■ **Anregende Fragen:** Die in den Text eingeklinkten blauen Kästen enthalten konkrete Fragen zur Geschichte, trainieren Textverständnis und Konzentration. Weiterführende Fragen regen zum Erzählen, Beschreiben und Weitererzählen an. Diese Kästen verstehen sich als offenes Angebot. Wie und ob Sie diese Fragen einbinden, bleibt Ihnen überlassen.

Vielleicht lesen Sie die Geschichte zunächst einmal komplett vor und bauen die Fragen erst beim nächsten Lesen ein. Oder Sie lassen sich von den Vorschlägen zu anderen Fragen inspirieren, die auf die Situation Ihres Kindes noch besser zutreffen.

Kennst du Zwillinge? Sehen sie sich ähnlich?

■ Die ganze Geschichte in einem Bild: Bei manchen Geschichten folgt im Anschluss an den Text eine Seite, auf der die komplette Handlung noch einmal in einem einzigen Bild zusammengefasst wird. So kann das Kind die Geschichte nacherzählen bzw. selbst noch einmal „vorlesen".

… und Zuhören schafft Gesprächsanlässe!

Thema dieses Buches sind Geschwister. Egal ob man welche hat oder nicht, sich welche wünscht oder nicht: Geschwister sind im Kindergartenalter eins der wichtigsten Themen. Diese Geschichten erzählen vom Streiten und Sich-wieder-Vertragen, von Neid und Eifersucht und wie man damit umgeht, vom Sich-Abgrenzen und Sich-Verbünden – manchmal sogar gegen die Eltern – und von vielem anderen mehr.

Mit Sicherheit haben diese Geschichten viele Berührungspunkte mit dem eigenen Erleben Ihres Kindes und bieten ihm so die Gelegenheit, eine neue Sichtweise der eigenen Situation zu erfahren, oder die Möglichkeit, eigene Sorgen und Wünsche besser zu artikulieren.

Viel Spaß beim Vorlesen und Zuhören!
Die Kinder- und Jugendbuchredaktion des Dudenverlags

Inhalt   5

Mama kriegt ein Baby

„Mama kriegt ein Baby?", fragt Josch und betrachtet ungläubig Mamas Bauch. Und Papa grinst stolz, als hätte er eben gesagt: „Josch, es ist so weit, du kriegst ein ferngesteuertes Auto!" Das wäre mal eine Neuigkeit gewesen. Aber ein Baby?

„Freust du dich?", fragt Mama mit leuchtenden Augen. Hätte Josch nur nicht so gejammert, dass ihm langweilig wäre. Daraufhin hat Papa nämlich den Arm um ihn gelegt und gesagt, dass er bald ein Geschwisterchen bekommen wird. Als ob ihm deshalb jetzt weniger langweilig wäre. Denn erstens dauert es unheimlich lange, bis ein Baby fertig aus dem Bauch kommt. Und zweitens ist es dann noch winzig klein und zu nichts zu gebrauchen.

6

In der nächsten Zeit ist alles wie immer, und Josch hat das Ganze völlig vergessen. Bis Mama eines Abends auf dem Sofa plötzlich zusammenzuckt. „Es hat sich bewegt!", ruft sie froh. „Es strampelt!" Da fällt Josch das Baby wieder ein. Und Mama scheint sich richtig darüber zu freuen, dass das Baby sie tritt.

Weißt du, wie lange ein Baby im Bauch seiner Mama heranwächst, bevor es geboren wird?

„Mama?", fragt Josch. „War das auch so, als ich in deinem Bauch war?"
„Natürlich", sagt sie lachend. „Ganz genauso."
Sie nimmt Joschs Hand und legt sie auf ihren Bauch, der sich tatsächlich schon richtig dick anfühlt. Und dann spürt er es. Ganz sanft drängelt und stupst es von innen gegen seine Hand. Kleine Beulen wie Blubberblasen. Das ist das Baby. Josch legt den Kopf auf Mamas Bauch, vielleicht kann er es ja auch schon hören. Er spürt Mamas Wärme an seinem Gesicht und atmet ihren vertrauten Duft ein.

Mamas Babybauch wächst jeden Tag ein Stückchen, und im Nu passen Joschs Arme gar nicht mehr ganz um Mama herum, wenn er sie umarmt. Vielleicht braucht das Baby ja so viel Platz im Bauch, weil es ihm ein Geschenk mitbringt, überlegt Josch, ein klitzekleines ferngesteuertes Auto? Er könnte die Frauenärztin danach fragen. Heute dürfen Josch und Papa nämlich mitkommen – zum Babygucken. Die Ärztin hat eine Kamera, die das Baby durch Mamas Bauch fotografieren kann und auf einem Computerbildschirm zeigt. Das Bild ist in schwarzen und weißen Farben und ziemlich verschwommen, aber Mama und Papa sind trotzdem ganz aus dem Häuschen. „Ah!" und „Oh!" staunen sie über das Baby, das wie eine dicke Bohne aussieht.

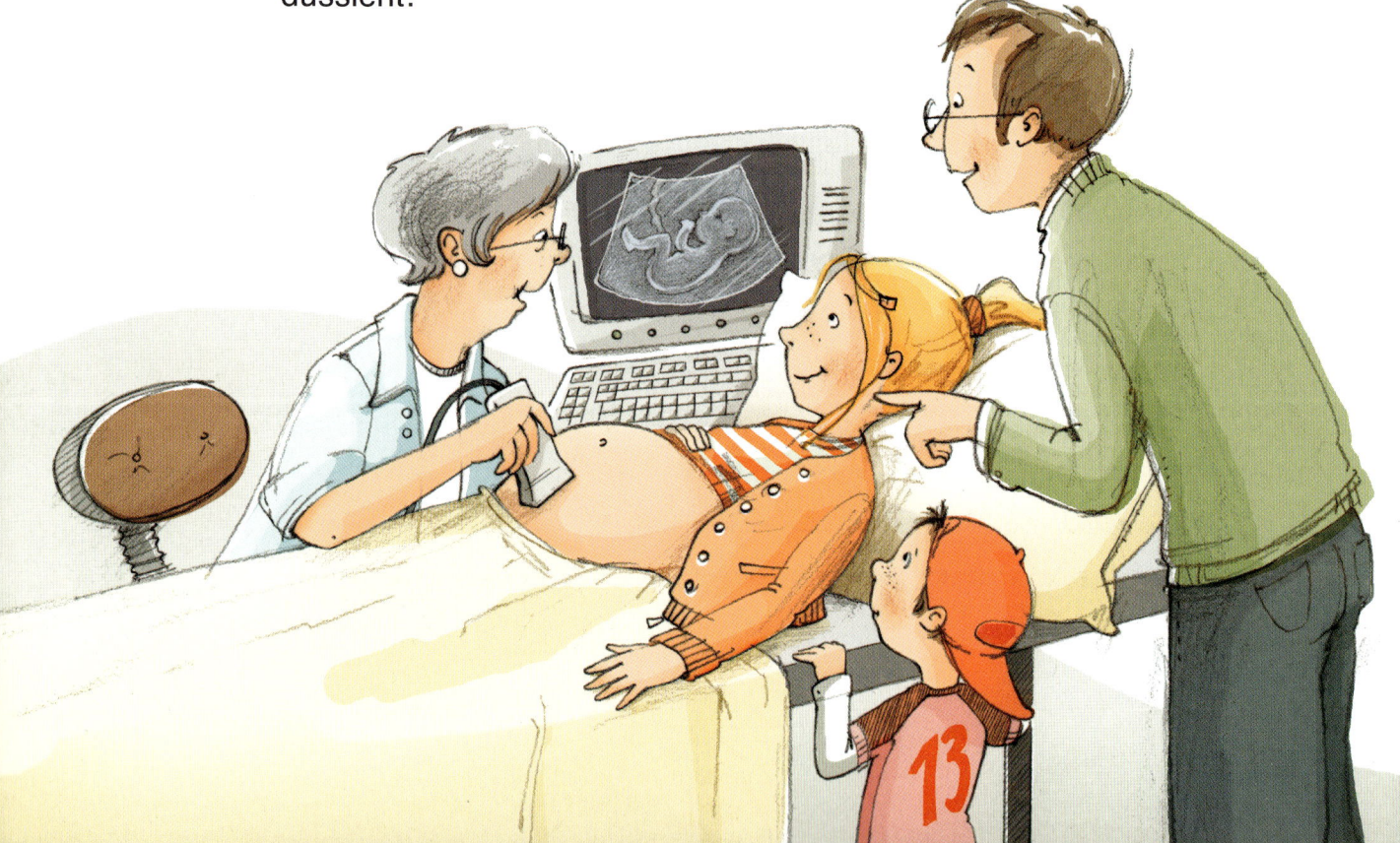

„Es lutscht am Daumen", ruft Josch plötzlich, denn jetzt
erkennt er es. „Hab ich das auch gemacht, als ich noch in
deinem Bauch war?"

„Ja, ganz genau so", sagt Mama. Und zu Hause zeigt sie
ihm ein kleines schwarz-weißes Foto. Eines, wie sie es eben
bei der Frauenärztin gesehen haben.

„Guck mal, Josch. Das bist du in meinem Bauch."

Hast du schon mal so ein kleines schwarz-weißes Foto
von einem Baby im Bauch gesehen? Gibt es solche
Bilder von dir im Bauch deiner Mama auch noch?

Einige Wochen später steigt Josch mit Papa auf den
Speicher. Gemeinsam tragen sie die Babywiege herunter.
Papa hat Glück, dass Josch so stark ist und ihm helfen
kann, denn Mama darf wegen des Babys nichts Schweres
heben.

Sie stellen die Wiege in Mamas und Papas Zimmer, dort
wird das Baby schlafen, solange es noch klein ist.

Josch legt seine Schmusepuppe hinein und schaukelt sie
vorsichtig hin und her.

„Lag ich als Baby auch darin?", fragt er.

„Ja", sagt Papa. „Und wir haben dich in den Schlaf gewiegt."

Kurz darauf sieht Josch, wie Mama eine Tasche aus dem
Schrank holt und verschiedene Sachen hineinpackt.
„Fahren wir in Urlaub?", fragt Josch aufgeregt und überlegt
schon, wo seine Taucherbrille sein könnte.
Mama lächelt geheimnisvoll. „Nicht doch", sagt sie und zieht
Josch auf ihren Schoß, auf dem jetzt fast kein Platz mehr ist
vor lauter dickem Babybauch. „Die Tasche ist fürs Krankenhaus", erklärt sie. „Das Baby kann jetzt jeden Tag kommen."
Als Josch ein paar Tage später morgens aufsteht, warten
Oma und Opa schon in der Küche auf ihn. Josch weiß sofort,
was das bedeutet: Das Baby ist da! Nach dem Frühstück
fahren sie ins Krankenhaus und besuchen Mama, Papa und
das neue Baby.
Mama und Papa sehen müde aus, aber ihre Gesichter
strahlen. Und das Baby liegt tief in eine Decke eingekuschelt

in Mamas Arm und schläft. Mama nickt Josch ermunternd zu und er berührt vorsichtig das zarte Köpfchen.

„War ich auch so klein, als ich geboren wurde?", fragt er.

„Ja, alles war genauso", sagt Mama und drückt Josch an sich.

„Aber eine Sache ist diesmal anders", sagt Papa.

Josch sieht ihn verwundert an. „Was denn?"

„Nun, Marie hat einen großen Bruder", erklärt Papa grinsend, „der ihr die tollsten Sachen zeigen kann."

Da öffnet das Baby für einen Moment die Augen und lächelt Josch an – Marie, seine süße kleine Schwester. Und da weiß Josch, dass er sie nie wieder hergeben wird.

Am nächsten Tag holen Josch und Papa dann Mama und Marie aus dem Krankenhaus ab. Und als sie zu viert nach Hause kommen, liegt ein kleines rotes Auto mit Fernsteuerung auf Joschs Kopfkissen.

Was kann Josch seiner kleinen Schwester wohl alles zeigen? Hast du auch kleinere Geschwister? Weißt du, wie es war, als du im Bauch deiner Mama warst? Frag sie doch mal!

Fisch in Gefahr

„Heute wird es 30 Grad warm. Wir fahren zum See", sagt
Mama. Sie schaut Papa an. „Würdest du den Kindern den
Haifisch aufpusten, Schatz?"
Johan strahlt. „Oh toll, den Hai! Juhuuuh!"
Mascha ist noch ganz verschlafen. Sie tapst barfuß in die
Küche. „Was ist juhuuuh?", fragt sie ihren Bruder.
„Wir fahren zum See und Papa pustet den Haifisch auf!"
„Darf ich dann auch mal drauf reiten?", fragt Mascha.
„Du hast doch deine Taucherbrille", sagt Johan.
„Na und", sagt Mascha. „Darauf kann ich ja nicht reiten."

Eine halbe Stunde später sitzen sie alle im Auto.
Mama fährt und Papa hat den halb
schlappen Haifisch auf dem Schoß.
Er pustet und pustet.
Sein Kopf ist schon ganz rot.
„Hatten wir nicht mal eine
Luftpumpe?", fragt Mama.
„Hab ich nicht gefunden",
brummt Papa und hält
das Ventil zu. Er muss
erst mal verschnaufen.

Mascha hält den Hai mit beiden Armen und drückt ihn fest
an sich. Er ist fast so groß wie sie. Die Schwanzflosse wippt
um ihre Beine.

„Hallo Fischi-Fischi", flüstert sie ihm ins Ohr. Na ja, dorthin,
wo sie sein Ohr vermutet. „Freust du dich, dass du in den
See darfst? Vielleicht triffst du ja noch andere Fischis."

„Da gibt es keine Fischis. Das ist ein Badesee!", sagt Johan.

„Weißt du ja gar nicht", sagt Mascha.

„Außerdem ist ein Hai kein Fischi-Fischi!"

„Aber du bist ein Hami-Hami", sagt Mascha und lacht.

Johan findet das nicht lustig. Früher, als Mascha noch nicht
„Johan" sagen konnte, hat sie immer „Hami" zu ihm gesagt.
Das war ja noch ganz niedlich. Aber jetzt ärgert es ihn,
wenn sie ihn Hami-Hami nennt.

Warum ärgert sich Johan über seine kleine Schwester?
Gibt es bei euch in der Familie auch Spitznamen?

Am Badestrand sind schon einige Leute. Mama breitet
die Decke im Halbschatten aus und stellt die Taschen ab.
Mascha gibt Johan freiwillig den Hai.
Er schaut sie erstaunt an.
„Bitte schön", sagt Mascha.

„Danke!", sagt Johan und rennt schnell ins Wasser, bevor
Mascha es sich anders überlegt.

Lässt du deine Geschwister auch mal mit deinen
Sachen spielen?

Mascha holt ihre Schwimmflügel aus der Tasche.
„Die puste ich jetzt aber nicht mehr auf", sagt Papa und legt
sich auf die Decke. Mama pustet sie auf.
Mascha schiebt sich die Schwimmflügel zurecht, setzt
ihre Taucherbrille auf und tapst zusammen mit Mama ins
Wasser. Der See ist gar nicht kalt. Mascha steckt den
Kopf unter Wasser. Der Grund ist sandig. Sie sieht ein paar
Steine, ein eingetretenes Förmchen, Mamas Füße. Sie
buddelt das Förmchen aus. Eine rote Muschel. Die kann
sie noch gut gebrauchen. Sie geht weiter zum Schilf.
Das Wasser ist sehr grünlich – und dann kommt ein Fisch.
Er huscht am Schilf vorbei wie ein Schatten. Aber sie hat
ihn ganz genau gesehen. Es ist ein kleiner, rotbrauner. Und
da ist noch einer. Eine ganze Fischfamilie! Mascha hebt den
Kopf aus dem Wasser, holt tief Luft und taucht wieder unter.
Der Fisch kommt auf sie zu.
„Du bist ja ein richtiger Fisch", sagt Mascha.

Na ja, sie sagt es nicht richtig, aber sie meint es ganz fest.

"Klar", sagt der Fisch. "Du bist ja auch ein richtiges Mädchen." – Der Fisch sagt es auch nicht richtig, aber Mascha kann es trotzdem hören.

"Wie heißt du denn?"

"Lupo Fischli", sagt der Fisch. "Und du?"

"Mascha Parchmann", sagt Mascha. "Wohnst du hier?"

"Ja. Soll ich dir mal mein Zuhause zeigen?"

Mascha holt noch schnell Luft und dann zeigt Lupo ihr seine Wohnung. Er hat eine grüne Schilftapete, ein Muschelsofa und ein Seegrasbett.

Mascha schenkt ihm das rote Förmchen. Sie steckt es in den Grund. Nun ist es ein schöner Tisch. Lupo freut sich.

 „Bis letzte Woche hatte ich noch eine Kaulquappe als Haustier. Aber jetzt ist sie ein Frosch geworden und weggehüpft. Als Frosch lebt sie da drüben in einer Bucht. Manchmal quakt sie mir abends ein Lied. Hast du auch Haustiere?"

„Fische", sagt Mascha. „Goldfische."

„Sind die aus Gold?", fragt Lupo.

„Nein, aus Fisch", sagt Mascha. „Du kannst mich ja mal besuchen kommen. Dann zeige ich sie dir."

„Wo wohnst du denn?"

„Da hinten!" Mascha taucht auf und zeigt mit dem Finger in die Ferne.

Als sie wieder untertaucht, hat der Fisch Sandkuchenpudding gemacht, mit Seepralinen. Mascha isst an der Luft, denn sie kann davon nicht unter Wasser probieren.

„Du isst doch da nichts aus dem See?", fragt Mama.

„Doch. Sandkuchenpudding und Seepralinen", ruft Mascha.

„Na dann, guten Appetit!", ruft Papa aus dem tieferen Wasser.

Jetzt spielen sie Verstecken.
Das heißt, nur Lupo versteckt sich.
Er flitzt durchs Schilf, in den See hinaus,
ihr durch die Füße. Mascha versucht, ihn mit
den Händen zu fangen. Plötzlich kommt ein großer
Schatten auf sie zu.
„Ein Hai!", ruft der Fisch. „Hilfe! Der will mich fressen!"
Im Nu ist Mascha zur Stelle und greift den Hai an. Sie
umklammert ihn ganz fest. Johan ist so erschrocken, dass er
ins Wasser plumpst.
„He, was soll das?", sagt er und wischt sich das Wasser aus
dem Gesicht. „Ich kam in friedlicher Absicht."
„Du hast Lupo Fischli mit dem Hai erschreckt."
„Häh?", sagt Johan. Er versteht das nicht. Aber große Brüder
müssen auch nicht alles wissen. Hauptsache, sie hat Lupo
vor dem Hai gerettet.

Warum fällt Johann ins Wasser?
Verstehen dich deine Geschwister immer? Und du sie?
Was macht ihr, wenn es nicht so ist? Spielt ihr oft zusammen?

Bahn frei, hier kommt Mars!

Heute ist Mars richtig wütend. Wieder einmal hat ihn seine Schwester Erde überholt. Dabei hat er sich so beeilt. Er wollte unbedingt einen neuen Rekord aufstellen. Damit seine Mutter stolz auf ihn ist und ihn lobt. Über 700 Tage lang war er vorne. Aber dann hat seine Schwester ihn innen überholt. So ist das bei den Planeten. Sie umkreisen gemeinsam ihre Mutter, die Sonne. Jeder auf seiner Bahn und jeder mit seiner Geschwindigkeit. Und heute hat die Erde Mars überholt.

Weißt du, was Planeten sind? Kennst du welche? Weißt du noch, wer in der Geschichte die Mutter von Mars ist?

Mars hört ein leises Kichern.

„Hi hi hi, schau mal, wie rot der
kleine Krieger wird, wenn er sauer ist."

Das freche Kichern kommt von den Monden
Phobos und Deimos. Die haben nichts Besseres zu
tun, als ständig um ihn herumzuschwirren und sich über ihn
lustig zu machen. Und immer nennen sie ihn kleiner Krieger.
Mars brodelt vor Wut.

Mit Wucht schleudert er einen Gesteinsbrocken nach den
Nervensägen. Leider fliegt der vorbei, und die beiden kichern
schon wieder.

„Ich hab es satt!", schimpft Mars. „Meine kleinen Geschwister
haben es viel besser als ich." Vor allem Merkur, der aller-
kleinste, der hat es gut. Der ist am nächsten an der Mutter
dran. Der muss sich überhaupt nie anstrengen und kriegt die
meiste Beachtung. Merkur hier, Merkur da – das ist einfach
ungerecht.

„Ich werde es euch zeigen. Ich habe auch ein Recht darauf,
der Kleinste zu sein", murmelt Mars trotzig.

Schon wieder kichern diese blöden Monde. Mars nimmt alle
Kräfte zusammen. Er bläht sich ganz weit auf. Dann zieht er
sich blitzschnell wieder zusammen.

Mit einem lauten FFFFffftttt schleudert er sich aus seiner
Umlaufbahn nach innen. Da gucken die beiden Monde aber
blöd.

Zuerst fühlt es sich komisch an, so frei durchs All zu schweben. Aber dann geht es ganz schnell. Er findet den richtigen Weg und fliegt an seinen Geschwistern vorbei ganz nah zu Mutter Sonne. Geschafft, jetzt ist er näher an ihr dran als sein kleiner Bruder!

Zufrieden blickt Mars um sich. Er muss die Augen ganz eng zusammenkneifen, denn es ist furchtbar hell. So nah wirkt die Mutter riesig groß. Irgendwie hat er sich das anders vorgestellt. Und schrecklich heiß ist es hier, man kann fast nicht atmen vor Hitze.

 „Das ist ja nicht auszuhalten", murmelt Mars. Enttäuscht schwebt er zurück durchs All.

 „Das war doch klar", hört Mars plötzlich.
Die beiden Monde, wer sonst?

„Aber die Großen, die haben es auf jeden Fall besser als ich", schimpft Mars. „Vor allem Neptun. Der schwebt ganz außen. Der darf alles und kann tun, was er will. Und Mama erzählt immer ganz stolz von ihm. Hier in der Mitte merkt ja nicht mal jemand, dass ich weg bin."

Mars will den Platz mit seinem kleinen Bruder Merkur tauschen: Was erlebt er dabei? Gefällt es ihm?

Als Mars seinen Platz erreicht, holt er Schwung und macht einen großen Satz mitten in das Sonnensystem hinaus. Die Monde können sich gerade noch wegducken.

Je weiter Mars nach außen fliegt, umso kälter wird es. Und furchtbar dunkel ist es. Beinahe stößt er mit seinem großen Bruder zusammen.

 „Hey, Kleiner, was machst du hier?" Neptun mustert seinen Bruder erstaunt.

„Ich wollte mal sehen, wie es bei dir ist", antwortet Mars bibbernd.

Neptun strahlt. „Cool ist es hier. Schön dunkel. Und nicht so hektisch. Ich nehme mir 165 Jahre Zeit für jede Runde."

Mars ist baff: 165 Jahre! Er selbst braucht nicht einmal zwei Jahre. Und dann noch ohne Licht und bei der Kälte, das kann doch keinen Spaß machen.

„Achtung!", schreit
Neptun plötzlich. „Ein Asteroid!"
Mit einem lauten Zischen fliegt eine große Kugel
an ihnen vorbei, und dann noch eine und noch eine.
Erschrocken sieht Mars eine Kugel direkt auf sich zufliegen.
Kurz vor ihm hält sie an. „Da bist du", keucht der Asteroid
aufgeregt. „Wo warst du? Alle suchen dich!"
Mars kann es kaum glauben. Wieso suchen ihn alle?
„Alles ist durcheinander. Wir wissen überhaupt nicht mehr,
wo wir hinsollen. Du musst unbedingt zurückkommen!"
Ein furchtbarer Lärm hebt an. Mars fliegt ein Stück nach
innen, um besser sehen zu können.
Was ist das? Planeten, Monde und alle Sterne haben ihre
Bahn verlassen und taumeln wild durcheinander.
Dabei schreien sie aus Leibeskräften: „Achtung! Weg da!
Aus der Bahn!" Plötzlich wird es ganz dunkel. Die Himmels-
körper schreien noch lauter: „Die Sonne, die Sonne!"

22

Tatsächlich: Die Sonne hat ihren Platz verlassen, um nach ihrem Sohn zu suchen.

„Ich komme, Mama!", schreit Mars, so laut er kann. In der Aufregung findet er kaum den richtigen Weg. Hektisch flutscht er in seine Umlaufbahn zurück. Er wartet. Hoffentlich ist nichts Schlimmes passiert!

Kurz darauf geht das Licht wieder an. Zum Glück: Mutter Sonne ist zurück. Sie zwinkert ihm liebevoll zu. Seine Geschwister und ihre Freunde taumeln noch ein wenig herum. Dann hat endlich jeder seinen Platz wiedergefunden. Erleichtert blickt Mars um sich. „Ach, ist das schön hier", seufzt er und die beiden Monde nicken zustimmend.

Wie fühlt sich Mars am Ende, als er seinen Platz wiedergefunden hat? Würdest du auch manchmal gerne mit deinen Geschwistern tauschen? Was hat es für Vorteile, wenn man das älteste, jüngste oder das mittlere Geschwisterkind ist?

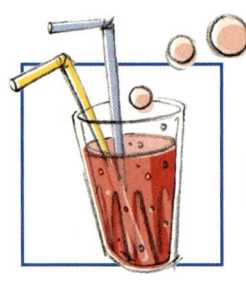

Eine Krankheit nur für Lilly

Hanna sieht wirklich lustig aus, findet Lilly. Seit drei Tagen hat ihre Schwester diese Punkte. Im Gesicht und auf den Armen und überhaupt überall hat sie welche. Man kann sie kaum zählen, so viele sind es. Lilly hat trotzdem angefangen, sie zu zählen. So lange, bis Mama kam und gesagt hat, sie soll Hanna in Ruhe lassen. Schließlich sei Hanna krank und ein armes Kind.

So arm findet Lilly ihre Schwester gar nicht. Hanna darf im Wohnzimmer auf dem Sofa liegen, und alle paar Minuten sausen Mama oder Papa zu ihr und fragen, ob sie etwas braucht. Hanna bekommt Nudelsuppe, darf Tee und Limo durcheinandertrinken und sie darf sogar viel mehr fernsehen als sonst.

Wie ist das, wenn du krank bist? Erlauben dir deine Eltern dann auch Dinge, die du sonst nicht darfst?

Hanna hat wirklich Glück. So eine schöne Krankheit hätte Lilly auch gerne. Dann würden sich alle um sie kümmern,

sie müsste nicht in den Kindergarten, vielleicht dürfte sie
sogar ein kleines Glas Cola trinken …

Doch nun sitzt Lilly bestimmt schon fünf Minuten neben
Hanna und hat sich immer noch nicht angesteckt. Nirgendwo
an Lilly will auch nur ein klitzekleines Pünktchen wachsen.
Es ist wie verhext. Was kann sie denn sonst noch tun?
Husten und Schnupfen kommen immer wie von selbst –
bloß nie, wenn man sie braucht. So wie jetzt. Lilly muss sich
unbedingt was überlegen.

„Hanna, Schätzchen." Papa kommt zum Sofa und streicht
Hanna über den Kopf. „Ich gehe kurz mit Lilly in die Bücherei
und hole etwas zum Vorlesen für dich."

„Ich kann nicht mit!", ruft Lilly dazwischen.

„Ich bin krank. Auch krank.

Gerade eben geworden."

Lilly kuschelt sich leidend an Papa.

„Was hast du denn?", fragt Papa und legt Lilly die Hand
auf die Stirn.

„Ich glaube Lexie …", sagt Lilly mit schwacher Stimme.

„Davon hab ich noch nie gehört", sagt Papa und schüttelt
den Kopf.

„Ich habe ganz sicher Lexie", wiederholt Lilly. „Es ist
eine seltene Krankheit. Eine, die man von außen nicht
sehen kann."

Warum will Lilly auch krank sein? Meinst du, dass Lexie
wirklich eine Krankheit ist?

„Jetzt erinnere ich mich", sagt Papa. „Ich habe schon mal in der Zeitung davon gelesen."

„In der Zeitung?" Lilly sieht Papa gespannt an.

„Medizin gegen Lexie ist schwer zu bekommen", erklärt Papa ernst. „Es gibt sie nur auf dem Planeten Lilly-Lex."

„Lilly-Lex …", wiederholt Lilly flüsternd Papas Worte. Das klingt fantastisch und sehr weit weg.

„Ja", sagt Papa. „Am besten fliegen wir gleich los." Er wirbelt Lilly in die Luft und nimmt sie huckepack.

„Alle anschnallen!", ruft er, und Lilly kann gerade noch ihre Arme um Papa legen, da starten sie auch schon. In Lichtgeschwindigkeit fliegen sie aus dem Wohnzimmer und den Flur entlang. Rechts und links sausen Kometen und Sterne an ihnen vorbei. Das Raumschiff schüttelt Lilly kräftig durch und sie muss sich ordentlich festhalten.

„Volle Kraft voraus!", ruft Lilly ausgelassen und drückt sich fester an Papa.

Unter ihnen treibt ein Satellit, der Lilly irgendwie an ihre Kindergartentasche erinnert, doch da sind sie auch schon vorbei und biegen in eine andere Galaxie ein: die Küchengalaxie. Das Raumschiff wird langsamer und setzt Lilly auf Lilly-Lex ab.

„Hier sind ja gar keine Lilly-Lexianer", flüstert Lilly.

„Nein, keine feindlichen Wesen in Sicht", flüstert Papa.

„Und wo ist die Medizin?", fragt Lilly neugierig.

„Lass mich nachdenken", antwortet Papa. Er holt ein großes Glas aus dem Schrank, und dann läuft er immer wieder hin und her und gießt alle möglichen Zutaten hinein.

Lilly sieht, wie die Flüssigkeit im Glas jedes Mal die Farbe wechselt. Am Schluss ist sie dunkelrot und Lilly könnte schwören, dass sie sogar ein klein bisschen geheimnisvoll leuchtet.

„Und das Wichtigste ist der Sprudelblubb", erklärt Lilly. Sie öffnet ein Döschen, fischt ein Brausebonbon heraus und lässt es in die Mischung plumpsen. Sofort schäumt es himmlisch.

„Was macht ihr?", erklingt plötzlich eine Stimme hinter Lilly und Papa.

„Ein Außerirdischer!", ruft Lilly erschrocken und zeigt auf das Wesen, das Lilly und Papa ziemlich verblüfft ansieht.

„Geht es dir besser?", fragt Papa und gibt Hanna einen Kuss.

„Hier, probier mal meine Wundermedizin!", ruft Lilly.

„Ja, Lilly hat sie auch geholfen", sagt Papa.

„Nein, noch nicht ganz", sagt Lilly mit schwacher Stimme.

„Ich muss mich noch ein bisschen mit Hanna aufs Sofa legen."

Und weil Papa so stark ist, trägt er Hanna und Lilly zusammen zum Sofa zurück. Lilly auf dem einen Arm und Hanna auf dem anderen.

„Vielleicht muss es erst noch wirken", sagt Papa und deckt beide bis zur Nasenspitze zu. „Aber wenn es so weit ist, können wir rausgehen und spielen."

„Ja, ich glaube, die Medizin wirkt schon sehr bald", sagt Lilly grinsend und kuschelt sich ganz nah an Hanna.

Was ist in Lillys Medizin wohl alles drin? Meinst du, dass Lillys Medizin Hanna auch hilft? Musstest du auch schon mal Medizin nehmen? Wie hat sie dir geschmeckt? Hat sie geholfen?

Der Zwillingstrick

Die Sonne ging gerade über den Zinnen der Burg Hohenstein auf, als ein wohlbekannter Ruf über den Hof schallte: „Himmel und Hölle, das waren doch schon wieder die Zwillinge!"

Denn Burkhard und Eckhard, die Söhne des Burgherrn, waren seit dem ersten Hahnenschrei aus den Betten und hatten wie immer nichts Besseres zu tun, als die Bewohner der Burg an der Nase herumzuführen. Während Burkhard gerade der alten Amme davonlief, weil ganz bestimmt Eckhard mit Baden an der Reihe sei und nicht er, versuchte Eckhard der Köchin einen zweiten Kuchen abzuschwatzen. Er behauptete steif und fest, er sei Burkhard.

Niemand konnte sie auseinanderhalten, und das war ein Heidenspaß für die beiden.

Kennst du Zwillinge? Sehen die sich ähnlich? Warum können Zwillinge andere so gut an der Nase herumführen?

Nach dem Frühstück ließ der Burgherr seine Söhne zu sich rufen.

Den Zwillingen war etwas mulmig, weil sie glaubten, dass sie es nun doch zu weit getrieben hätten. Hand in Hand – gemeinsam war alles halb so schlimm – erwarteten sie das Donnerwetter ihres Vaters. Doch stattdessen ließ er ein pechschwarzes Pferd mitten in den Thronsaal hereinführen. „Eure Mutter und ich verreisen übers Wochenende", erklärte er. Denn sie mussten das Land regieren. „Ihr hütet schön die Burg und dafür braucht man bekanntlich ein Pferd."
Einen Moment war es still im Saal, dann fragten die Zwillinge empört: „Aber was sollen wir zu zweit mit einem einzigen Pferd?"
„Das Pferd kann euch beide tragen", sagte die Burgherrin, die auch mal etwas sagen wollte.

So blieben die Zwillinge allein mit den Dienstboten auf der Burg zurück.

Die Eltern waren kaum mehr als eine Stunde fort und Eckhard grübelte auf dem Brunnenrand übers Burghüten nach, da kam in wildem Galopp ein Reiter zum Tor herein.

Er trug eine schwere Rüstung und sein rabenschwarzes Pferd bäumte sich schnaubend vor Eckhard auf.

„Ergebt euch!", rief der Fremde schallend, dass die Mauern wackelten. „Ich bin der schwarze Ritter und eure Burg gehört jetzt mir!"

Die Dienstboten rückten eng zusammen und gaben keinen Mucks von sich. Eckhard sah sich nach seinem Bruder um, doch der war vermutlich gerade im Stall bei ihrem Pferd …

Aber vielleicht war es ganz gut so, dass der schwarze Ritter von Burkhard nichts wusste. Denn Eckhard hatte einen Plan!

Hast du eine Idee, wie Eckhard die Burg retten kann?
Wie kann ihm sein Zwillingsbruder wohl helfen?

Tapfer trat Eckhard vor den Ritter. „Erst musst du gegen mich antreten", sagte er. „Falls du gewinnst, bekommst du die Burg."

Der schwarze Ritter lachte grölend. „Gegen dich?", fragte er. „Ich habe gegen Kerle gewonnen, die waren zehnmal so groß wie du."

„Dann hast du ja nichts zu befürchten", sagte Eckhard. „Doch falls ich gewinne, bekomme ich dein Pferd und du ziehst ab." So wurde ein Wettlauf beschlossen, dreimal von der Burg bis zum nahen Fluss und zurück. Der schwarze Ritter war siegessicher, vor allem, da Eckhard zu Fuß gegen Ritter und Pferd antrat.

Nach dem Startsignal gab der schwarze Ritter seinem Pferd die Sporen und stürmte los. Er wirbelte mächtig viel Staub auf und sah nicht, was um ihn herum geschah. In Windeseile hatte er den Fluss erreicht.

Doch was war das? Dort erwartete ihn bereits Eckhard und rief: „Ich bin schon da!"

Der schwarze Ritter wendete hastig sein Pferd und ritt in wildem Galopp zurück zur Burg. Aber wieder stand der Junge bereits an Ort und Stelle und rief: „Ich bin schon da!" So war es auch beim nächsten und beim übernächsten Mal. Und so kam es, dass der schwarze Ritter zum ersten Mal in seinem Ritterleben verlor.

Zur Feier des Tages brachte die Köchin Kuchen für alle, auch für den schwarzen Ritter. Doch der hatte sich längst beschämt davongemacht. Ohne Pferd natürlich, denn selbst ein schwarzer Ritter hält sein Wort.

Der Arme hatte wohl nie das Märchen vom Hasen und vom Igel gehört, und vor allem wusste er nichts von Eckhards Zwillingsbruder. Der war nämlich mit Feuereifer dabei gewesen, als er vom Plan seines Bruders erfahren hatte. Eckhard hatte den atemlosen Ritter jedes Mal am Fluss empfangen, während Burkhard an der Burg auf ihn gewartet hatte.

Am nächsten Tag kehrten der Burgherr und seine Frau zurück und erfuhren von der Heldentat ihrer Söhne. Dass es nun zwei zum Verwechseln ähnliche Pferde auf der Burg gab, wurde ihnen bald klar, denn es dauerte nicht lang, bis ein wohlbekannter Ruf über den Hof schallte: „Himmel und Hölle, das waren doch schon wieder die Zwillinge!"

Wie haben die beiden Jungs den Ritter zu besiegt?
Gibt es Dinge, bei denen du deinem Bruder oder deiner Schwester hilfst? Kennst du das Märchen vom Hasen und vom Igel?

Mäxchen will auch groß sein

Wenn Mäxchen erst mal sechs ist, ist er viel größer als sein Bruder. Wenn Mäxchen erst mal sechs ist, geht er auch in die Hasenschule. Wenn Mäxchen erst mal sechs ist, kann er viel besser lesen, schreiben und rechnen als Ferdinand.

„Du bist aber erst fünf", sagt Ferdinand.

„Na und?", sagt Mäxchen und streckt ihm die Zunge raus. Dann setzt er sich ins Gras und sieht zu, wie Ferdinand Hausaufgaben macht. Dabei knabbert er an einer Karotte herum.

Als Ferdinand mit den Hausaufgaben fertig ist, ist Mäxchen auch fertig: Seine Karotte sieht jetzt aus wie eine Schultüte.

„Spielst du mit mir?", fragt Mäxchen.

„Ich spiel doch nicht mit Babys", sagt Ferdinand.

„Ich geh jetzt zu Paul."

Er lässt Mäxchen einfach stehen
und hoppelt zu seinem besten Freund.

Findest du, dass Ferdinand gemein zu Mäxchen ist?
Was wünscht sich Mäxchen wohl?

Wenn Mäxchen erst mal sechs ist, wird Ferdinand sich das nicht mehr trauen. Wenn Mäxchen erst mal sechs ist, wird alles ganz anders!

Aber bis es so weit ist, muss Mäxchen eben alleine spielen – und er weiß auch schon, was. Ferdinand hat seine Sachen liegen lassen. Mäxchen packt die Hefte in den Schulranzen und legt seine Karotte dazu. Dann schnallt er sich den Ranzen auf die Schultern und ruft: „Was, schon so spät? Jetzt muss ich aber schnell in die Hasenschule!" Mäxchen flitzt gleich nach Hause. Er geht in Ferdinands Zimmer und setzt sich an den Schreibtisch seines großen Bruders. Dann holt er Rechenheft und Karotte heraus. Die Karotte sieht nicht nur aus wie eine Schultüte, sie ist auch ein prima Kugelschreiber. Mäxchen kritzelt mit seinem Karotten-Kugelschreiber ins Heft. Wie Ferdinand leckt er sich dabei mit der Zunge über die Lippen und murmelt: „Drei plus drei sind zehn. Fünf plus zwei sind acht …"

Plötzlich stehen Paul und Ferdinand im Zimmer. Ferdinand lacht. „Ha, ha, ha! Du kannst ja gar nicht rechnen."

„Na und?", sagt Mäxchen und kritzelt weiter.

Ferdinand nimmt ihm das Heft weg. „Das gehört mir. Und der Schulranzen auch. Gib her!"

Mäxchen hält den Schulranzen fest, aber Ferdinand ist stärker und reißt alles an sich. „Wenn du noch mal meinen Schulranzen klaust, zieh ich dir die Löffel lang! Und jetzt hau ab!"

Hast du ältere Geschwister?
Hattest du schon mal Streit mit einem größeren Kind?

Wenn Mäxchen erst mal sechs ist, wird Ferdinand sich das nicht mehr trauen. Wenn Mäxchen erst mal sechs ist, wird alles ganz anders!

Aber bis es so weit ist, muss Mäxchen leider abhauen.

Wütend rennt er raus in den Gemüsegarten.
Er rupft eine Karotte aus und hoppelt damit zu seinem
Lieblingsversteck, einer Brombeerhecke. Das Versteck kennt
niemand außer Mama, nicht mal Ferdinand.
Mäxchen knabbert so lange an seiner Karotte herum,
bis sie wie ein Rennwagen aussieht. Mäxchen setzt den
Wagen auf den Boden und lässt den Motor an. „Brumm,
brummmm!" Der Rennwagen düst los. „Wooooom!"
Doch plötzlich muss er anhalten. Ein Hindernis steht
mitten auf der Fahrbahn: zwei große Hasenpfoten.
„Mäxchen, es gibt Abendessen", sagt Mama.
„Ich komme!", ruft Mäxchen und hoppelt
mit Mama in die Küche. Papa verteilt
den Löwenzahnsalat. Mäxchen parkt
seinen Rennwagen auf dem Tisch.
Da stürmen Paul und Ferdinand herein.
„Cooler Flitzer!", sagt Paul. „Hast
du den gebastelt, Ferdinand?"
„Umpf, umpf!", macht Ferdinand,
weil er gerade den Mund voll
Löwenzahn hat.
Paul pfeift durch die Zähne.
„Super Teil! Wie hast du das
bloß hingekriegt?"

„Den Rennwagen hab ich gebastelt!", sagt Mäxchen stolz.

„Stimmt das wirklich?", fragt Paul.

Inzwischen hat Ferdinand hinuntergeschluckt. „Ja", murmelt er. „Mäxchen knabbert ständig an irgendeiner blöden Karotte herum."

Paul strahlt Mäxchen an. „Wollen wir nach dem Essen zu dritt Formel 1 spielen?"

„Klar", sagt Mäxchen. „Aber ich bestimme, was wir machen!"

„Na toll …", grummelt Ferdinand, will aber natürlich auch dabei sein.

Nach dem Essen rennen Mäxchen, Ferdinand und Paul zurück zur Wiese.

„Du darfst zuerst fahren", sagt Mäxchen zu Paul. „Dann

komm ich und dann kommt Ferdinand."

Paul ist ein toller Rennfahrer, aber Mäxchen ist noch schneller und mutiger. Ferdinand ist leider überhaupt kein toller Rennfahrer. Er bremst viel zu stark in den Kurven.

„Pass doch auf!", ruft Mäxchen.

Zu spät! Ferdinand kommt ins Schleudern. Quietsch, krach, bumm!!! Der Rennwagen überschlägt sich.

Paul verkündet: „Der Sieger des heutigen Formel-1-Rennens ist Mäxchen. Bravo!"

„Na toll …", grummelt Ferdinand. Doch dann klopft er Mäxchen auf die Schulter und nuschelt: „Dein Flitzer ist wirklich ziemlich cool."

Mäxchen ruft: „Danke, danke, danke! Jetzt muss ich aber schnell meinen Wagen reparieren."

Zum Glück ist der nächste Boxenstopp ganz nah. Mäxchen fährt mitten in Ferdinands offenen Schulranzen hinein.

„Brumm, brummm!"

Eigentlich müsste Ferdinand Mäxchen jetzt die Löffel lang ziehen, aber heute traut er sich nicht. Heute ist nämlich alles ganz anders!

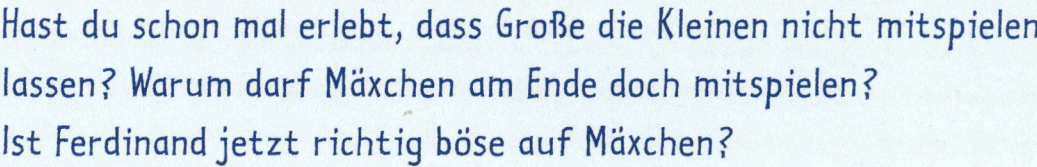

Hast du schon mal erlebt, dass Große die Kleinen nicht mitspielen lassen? Warum darf Mäxchen am Ende doch mitspielen?
Ist Ferdinand jetzt richtig böse auf Mäxchen?

Als Opa klein war

Ich heiße Annika und bin fünf Jahre alt. Heute fahre ich zu meinem Großvater. Der wohnt ganz weit weg, deswegen besuchen wir ihn nicht so oft. Für die lange Autofahrt habe ich vierzehn Bücher eingepackt und meinen Kuschel-salamander.

Mein Opa heißt Gerd und ich mag ihn sehr. Er wohnt im siebten Stock und raucht Pfeife. Immer wenn wir kommen, tut er ganz erstaunt und sagt zu meinen Eltern: „Was für ein wunderschönes Mädchen habt ihr da mitgebracht?" Natürlich ist das ein Spaß. Wenn ich lachen muss, sagt er: „Seht nur das bezaubernde Lächeln der Prinzessin." Dann muss ich noch mehr lachen.

Mama hat mir gesagt, dass Opa heute nicht so lustig sein wird wie sonst. Meine Großtante Hermine ist gestorben und Opa ist traurig deswegen. Ich habe diese große Tante nur einmal getroffen, als ich noch klein war, und kann mich nicht an sie erinnern. Mama sagt, sie war schon alt und krank. Als wir ankommen, renne ich los und drücke auf Opas Klingel.

Ganz schnell laufe ich
die Treppen hoch. Oben
steht Opa in der Tür und fängt
mich in seinen Armen auf.
Eigentlich wie immer.
Meine Eltern kommen mit dem
Fahrstuhl hinterher. Mein Vater
klopft Opa auf die Schulter. Meine
Mutter nimmt ihn in den Arm und
sagt: „Es tut mir so leid, Papa."

Hast du Großeltern? Wo wohnen sie?
Besuchst du sie oft oder nicht so häufig?

Als wir in Opas Küche am Tisch sitzen, frage ich: „Opa, bist du traurig?"
Opa schaut mich an. Dann seufzt er und nickt. „Ja, ich bin traurig."
„Warum?", frage ich.
Opa steht auf, streckt mir die Hand entgegen und sagt: „Komm mit."

Auf dem Wohnzimmertisch steht ein Bild von einer schönen Frau. Sie hat einen Regenschirm in der Hand und lächelt freundlich. Ich betrachte die Frau, dann gucke ich zu Opa. Er blinzelt ein paarmal und sagt: „Das ist Hermine, meine Schwester."
Seine Schwester? Das verstehe ich nicht. Die Frau auf dem Bild ist viel jünger als mein Opa, das kann gar nicht seine Schwester sein.
„Das war meine Schwester Hermine", sagt Opa. Seine Stimme klingt traurig.
„Hermine?", frage ich. Sie heißt ja genauso wie die alte große Tante, von der meine Mutter erzählt hat. Die, die gestorben ist.

Warum ist Annikas Opa so traurig? Haben deine Großeltern Geschwister? Kennst du sie?

Opa starrt eine Weile in die Luft. Plötzlich streckt er mir
wieder die Hand entgegen und sagt: „Komm."
Wir sagen meinen Eltern Bescheid und ziehen unsere
Schuhe an. Dann fahren wir mit dem Aufzug bis ganz unten.
Wir gehen auf die Wiese vor dem Haus.
Opa legt den Arm um meine Schulter und sagt, ich soll
zu den Häusern am Eck schauen. „Und jetzt mach deine
Augen zu."
  Ich schließe meine Augen ganz fest.
    „Stell dir vor, diese Häuser sind alle weg. Um uns herum
      gibt es nur Wiesen und Felder", flüstert Opa.

„Und das große Haus, in dem ich wohne, gibt es auch nicht.
An der Stelle steht nur ein kleines Holzhäuschen mit einem
Zaun außen rum."

Meine Augen sind zu. Erst sehe ich nichts, doch dann ist da
plötzlich das Holzhäuschen.

„Auf der Wiese spielen ein Junge und ein Mädchen, die sind
ungefähr so alt wie du und die heißen Hermine und Gerd."
Jetzt darf ich die Augen wieder aufmachen.

„Weißt du", sagt mein Opa, „vor ganz vielen Jahren sah es
hier wirklich so aus. Und die beiden Kinder auf der Wiese,
das waren meine Schwester und ich. – Pssst." Plötzlich hält
Opa den Finger vor den Mund und macht mit der anderen
Hand komische Zeichen. Ich folge ihm zum Rand der Wiese.
Er hebt vorsichtig einen großen Stein hoch. Blitzschnell
greift er zu. Jetzt hält er etwas zwischen seinen Händen,
das ich nicht sehen kann.

„Als Hermine und ich klein waren", erzählt er, „hatten wir nicht viele Spielsachen. Meine Schwester hat sich immer Geschichten für mich ausgedacht. Meine Lieblingsgeschichte war die vom kleinen Salamander Mando. Der musste viele gefährliche Abenteuer bestehen. Am Ende jeder Geschichte ist er wieder vor unserem Haus angekommen. Und Hermine hat dann hier, genau wo wir jetzt stehen, einen Stein hochgehoben und einen Salamander für mich gefangen."

Als Opa die eine Hand hebt, sehe ich einen kleinen Salamander auf der anderen Hand sitzen. Er schaut uns kurz an, dann springt er von Opas Hand ins Gras und läuft schnell ins Gebüsch.

Weißt du, wie es war, als deine Großeltern Kinder waren? Was haben sie gespielt? Frag sie doch mal!

„Und was ist dann passiert, Opa?", frage ich.

„Dann sind Hermine und ich groß geworden. Sie
hat geheiratet und Kinder bekommen. Ich habe auch
geheiratet und eine Tochter bekommen."

„Das war Mama", rufe ich.

Opa nickt. „Und meine Schwester war dann die Tante von
deiner Mama." Er denkt nach. „Noch später sind Hermine
und ich alt geworden. Meine Tochter hat geheiratet und
die beiden haben eine wunderschöne Tochter bekommen."
Er meint mich.

„Jetzt bin ich ein Opa." Opa lächelt.

„Und Hermine?", frage ich.

Opa antwortet: „Hermine war auch eine Oma. Und sie war
deine Großtante." Er kniet sich vor mich hin. „Aber für
mich ist sie immer meine Schwester. Sie fehlt mir furchtbar.
Deswegen bin ich traurig." Er steht auf und wir fahren
wieder nach oben zu meinen Eltern.

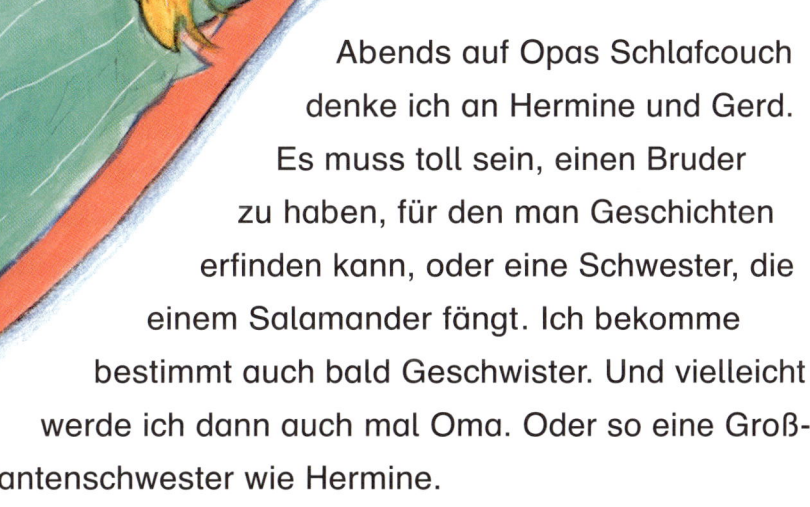

Abends auf Opas Schlafcouch
denke ich an Hermine und Gerd.
Es muss toll sein, einen Bruder
zu haben, für den man Geschichten
erfinden kann, oder eine Schwester, die
einem Salamander fängt. Ich bekomme
bestimmt auch bald Geschwister. Und vielleicht
werde ich dann auch mal Oma. Oder so eine Groß-
tantenschwester wie Hermine.

Nach dem Frühstück reisen wir ab. Papa drückt Opas Hand,
Mama nimmt ihn in den Arm. Opa weint ein bisschen.
Dann bückt er sich und gibt mir einen Kuss auf die
Wange. Er zwinkert mir zu.
„Machs gut, meine hübsche Enkelin und Groß-
nichte meiner Schwester."
Wenn Opa nachher ins Wohnzimmer geht, wird
er staunen: Ich habe meinen Kuschelsalamander
vor Hermines Bild auf den Tisch gelegt.
Da passt er richtig gut hin.

Gibt es Fotos von deinen Eltern und Großeltern, als sie
klein waren? Vielleicht habt ihr Lust, damit einen kleinen
Stammbaum wie den auf dem Bild oben links anzulegen?

Der Geburtstagszauber

Heute ist ein ganz besonderer Tag für die Familie Zauberwind. Also eigentlich morgen. Morgen wird Papa Tover
427 Jahre alt. Das ist für Zauberer ein wirklich spezieller
Geburtstag. Deswegen gibt es morgen ein großes Fest mit
Zauberergästen aus dem ganzen Land. Austin und Agrippa
sind schon ganz aufgeregt.

Damit das Warten nicht so schwer fällt, macht Mama
Zauberwind einen Vorschlag: „Was haltet ihr davon,
wenn ihr beide jetzt zusammen für Papa ein schönes
Geschenk zaubert?"

Agrippa rümpft die Nase. Mit ihrem kleinen Bruder
kann man nichts zusammen zaubern, findet sie.
Aber Austin nickt mit dem Kopf.

„Schön", sagt Mama, „setzt euch zu mir in die
Küche. Dann können wir gemeinsam überlegen,
während ich die Zaubertorte fertig mache."

Die Kinder setzen sich an den dicken Holztisch.
Agrippa mustert ihren Bruder und fragt: „Also, was machen
wir?"

Austin antwortet wie aus der Pistole geschossen: „Verzaubern." Bei dem Spiel darf sich jeder wünschen, in was
der andere ihn verzaubert. Allerdings kennt Austin erst
zwei Verzaubersprüche – den für Blume und den für Stein.
„Nein", sagt Agrippa, „wir müssen zusammen was für Papa
zaubern, du Dummi."

„Selber Dummi", schreit Austin und zieht seine Schwester
an den Haaren.

Warum zieht Austin seine Schwester an den Haaren?
Was ärgert ihn wohl besonders?

Da mischt Mama sich ein. „Bitte hört auf zu streiten und
überlegt euch, was ihr gemeinsam zaubern könnt."
„Au ja, ich weiß was", ruft Agrippa. Sie schließt die Augen
und murmelt einen Zauberspruch. Als sie die Augen wieder
öffnet, sitzt auf ihrer Hand ein kuscheliges rosa Kaninchen.
„Guck, wie süß", jubelt sie. „Das kann Papa
aus seinem Zauberhut ziehen. Austin, du
zauberst ihm noch ein Glitzerhalsband, ja?"

 51

„Nö, das ist blöd", mault Austin und verzieht das Gesicht.

„Außerdem musst nicht immer du der Chef sein."

Jetzt wird Agrippa langsam böse. „Na toll, mit dir kann man ja nichts zusammen machen, du bist eh viel zu klein!"

Austin läuft rot an und boxt Agrippa gegen den Arm. So fest, dass das Kaninchen erschrocken runterhüpft und auf die Torte zuhoppelt. Mama kann es gerade noch davon abhalten, mit seiner Zunge an der Sahne zu lecken.

„Austin, deine Schwester hat einen Vorschlag gemacht. Wenn der dir nicht gefällt, was möchtest du denn mit ihr für Papa zaubern?"

Austin überlegt. „Einen Laser-Zauberstab. Das ist cool."

„Oh nö", stöhnt Agrippa, „das ist doof."

Plötzlich hören alle ein lautes PLATSCH und Mama schreit: „Oh nein!"

Was hat Agrippa für Papas Geburtstag gezaubert? Was hat Austin sich ausgedacht? Wie gefallen dir die Ideen?

Das Kaninchen ist vom Boden auf
den Tisch gesprungen und direkt
in der Torte gelandet.

„Jetzt reicht es aber", schimpft Mama. „Ich gehe
in den Hühnerstall und hole Eier für einen neuen Kuchen.
Entweder ihr hört auf zu streiten und zaubert zusammen
etwas für Papa oder ihr lasst es bleiben." Sie stapft aus
der Küche. Das Kaninchen hoppelt hinterher.

Die Kinder sagen nichts. Sie schauen beide auf den Boden.
Nach einer Weile fragt Austin: „Wollen wir uns wieder ver-
tragen?" Agrippa nickt und gibt ihm die Hand. Austin kramt
einen Zauberring aus seiner Hosentasche und hält ihn seiner
Schwester hin: „Schenk ich dir."

„Danke", antwortet Agrippa und gibt ihm einen Glitzerstein:
„Schenk ich dir."

„Jetzt weiß ich was", platzt Austin heraus und springt auf.
„Papas Zauberhut ist doch schon so alt und sieht langweilig
aus. Wir verzieren ihn mit einem kleinen rosa Kaninchen und
einem Laserstab."

Agrippa überlegt. „Okay", sagt sie dann, „ich könnte noch ein bisschen Glitzer dazu zaubern." Das findet Austin gut. Sie machen sich an die Arbeit. Papas Zauberhut holen sie aus seinem Zimmer. Agrippa zaubert ein Kaninchen und klebt es genau in die Mitte. Austin zaubert einen Laserstab und klebt ihn darunter. Agrippa findet, das sieht toll aus, fast so, als ob der Hase auf dem Stab sitzt. Und Austin findet, dass das Ganze mit dem Glitzer noch viel besser aussieht. Dann schreibt Agrippa mit ihren schönen Filzstiften auf den Hut: „Für Papa von Agrippa und Austin". Das wird Papa gefallen!

„Und was machen wir jetzt?", fragt Agrippa.

„Können wir jetzt Verzaubern spielen?", bettelt Austin.

Agrippa findet ihren kleinen Bruder ziemlich anstrengend. Aber Verzaubern spielen kann manchmal ganz lustig sein. Sie wünscht sich zuerst, dass er sie in eine Blume verwandelt. Dann lässt er sich von ihr in einen Drachen verwandeln.

Als Mama zurückkommt, staunt sie nicht schlecht über den tollen neuen Zauberhut. Und das Kaninchen springt auch gleich rein.

Das wird ein super Geburtstag morgen!

Findest du kleinere Geschwister auch manchmal anstrengend? Warum? Wenn du eine Schwester oder einen Bruder hast: Streitet ihr auch manchmal? Weswegen? Vertragt ihr euch schnell wieder?

So macht Vorlesen Spaß!

Hier haben wir die besten Tipps für den größtmöglichen Vorlesespaß zusammengestellt:

■ **Nicht hetzen lassen.** Achten Sie beim Vorlesen auf eine ruhige, gemütliche Atmosphäre. Wer sich beim Zuhören an den Vorleser ankuscheln kann, dem fällt das Abtauchen in die Geschichte viel leichter. Wie viel Sie vorlesen, wie schnell, wie viele Pausen nötig sind, das sollte nach Möglichkeit immer Ihr Zuhörer bestimmen.

■ **Geschichtenauswahl.** Kindern macht Zuhören am meisten Spaß, wenn sie sich die Geschichte selbst aussuchen dürfen – zum Beispiel mithilfe des bebilderten Inhaltsverzeichnisses. Übrigens werden Sie im Laufe der Zeit beobachten, dass Ihr Kind in gewissen Situationen oder Stimmungen ganz bewusst bestimmte Geschichten auswählt, weil sie es ihm erleichtern, von Selbsterlebtem zu erzählen.

■ **Schauspieler gesucht.** Beim Vorlesen sind Ihre schauspielerischen und komödiantischen Fähigkeiten gefragt! Arbeiten Sie mit Gestik und Mimik, passen Sie Ihre Stimme den verschiedenen Figuren der Geschichte an und versuchen Sie, die Geschichte so zu lesen, dass deutlich wird, wer wann spricht!

■ **Kinder mitreden lassen.** Ein guter Vorleser kommt mit seinen Zuhörern nicht nur verbal, sondern auch emotional über den Text ins Gespräch. Eine gute Einstiegshilfe hierfür bieten die Angebote in den blauen Fragekästen.

Hier kommt neues Vorlesefutter!

20 fantasievolle Geschichten sorgen für noch mehr Vorlesespaß mit dem Lesedetektiv. Mit beliebten Themen wie Selbstständigwerden, Mut oder Rollentausch.

160 Seiten, gebunden
ISBN 978-3-411-73441-2

Leseförderung mit System

Der Lesedetektiv begleitet auch Grundschulkinder beim Lesenlernen. Mit mit spannenden Fragen zum Text und Detektivwerkzeug zum Entschlüsseln der Rätsel!

1. Klasse

- Das verschwundene Geschenk · ISBN 978-3-411-80846-5
- Klarer Fall für Anna Blum! · ISBN 978-3-411-71076-8
- Frohe Ostern, Sophie! · ISBN 978-3-411-71075-1
- Finn und Lili auf dem Bauernhof · ISBN 978-3-411-70782-9
- Eine unheimliche Nacht · ISBN 978-3-411-70788-1
- Franzi und das falsche Pferd · ISBN 978-3-411-70790-4
- Ein ganz besonderer Ferientag · ISBN 978-3-411-70795-9
- Amelie lernt hexen · ISBN 978-3-411-70804-8
- Die Schildkröte im Klassenzimmer · ISBN 978-3-411-70814-7
- Ein Bär reißt aus · ISBN 978-3-411-70815-4
- Neue Nachbarn für Ole · ISBN 978-3-411-70820-8

Je Band
32 Seiten, gebunden

Alle Bände der Klassenstufen 2 bis 4 finden Sie unter **www.lesedetektive.de**